An meine Frau Gabriele, die mich in meinem Traum, Schriftsteller zu werden, bestärkt hat, und an meine Töchter Christine und Celine, dass ihr eine Zukunft mit wilden Elefanten haben könnt.

-RGdeR

Ein Herz für Elefanten
Die Geschichte von Daphne Sheldrick

R.G. de Rouen - Illustriert von Kateryna Rohotova

Daphne glaubte, es gäbe nichts Schöneres als ihr Zuhause im Großen Afrikanischen Grabenbruch.

Sie liebte die Weite, den strahlend blauen Himmel und am allermeisten ...

die Tiere.

Große Herden bedeckten die Landschaft wie Flecken auf einem Leoparden.

Daphne stellte sich vor, unter ihnen zu sein.

Wild und frei!

Mit wilden Tieren spazieren zu gehen war für Daphne ganz normal. Sie tat dies oft mit Bob dem Impala, Wasserbock Daisy und Mungo Ricky-Ticky-Tavey. Dies waren Tiere, die ihre Eltern auf ihrer Farm in Kenia pflegten.

Welche Vogelstimme war das? Welches Tier hatte seine Spuren im Schlamm hinterlassen?

Für Daphne war das Wunder der Natur überall.

Als Daphne noch sehr jung war, wurde ihr die Verantwortung für eine verwaiste Antilope übertragen. Sie nannte ihn Bushy und war fest entschlossen, seine Mutter zu sein.

„Ein wildes Tier ist nur geliehen", erinnerte ihr Vater sie. „Wenn du es wirklich liebst, musst du es freilassen, wenn die Natur ruft."

Daphne versprach es. Doch um Bushy nicht zu verlieren, hängte sie ihm eine kleine Glocke um den Hals.

KLING, KLING, KLING ertönte die Glocke, als er Daphne hinterher trabte.

Bis zu jenem Tag...

als Bushy verschwand. Daphnes Tränen hätten einen Fluss füllen können. Sie hätte alles dafür gegeben, ihren Freund zurück zu bekommen.

Jahre später heiratete Daphne einen Mann, der ihre Liebe zu Tieren teilte. David Sheldrick war der Aufseher eines großen Nationalparks namens Tsavo.

Daphne und David zelteten gern mit Blick auf ein Wasserloch und beobachteten die Tiere beim Trinken.

Ihre Lieblinge waren die Elefanten. Lautlos und anmutig tauchten sie auf. Freudiges Trompeten und Grollen erfüllte die Luft, als die Elefanten sich gegenseitig begrüßten.

Wie majestätisch sie waren!

Daphne und David wünschten sich, dass alle so über diese wundervollen Tiere denken würden.

Doch leider war dies nicht immer der Fall.

Wilderer kamen in den Park, um nach Elfenbein zu jagen.
David schickte Wildhüter los, um sie zu stoppen.

Doch oft fanden sie kleine Elefanten, die ihre Mütter an diese Jäger verloren hatten.

Daphne kümmerte sich um sie.

Als eines Tages ein winziger Elefant ankam, wurde Daphnes Herz schwer.
Sie wusste, dieses Baby braucht Muttermilch.
Doch niemand hatte jemals zuvor einen so jungen Elefanten aufgezogen.

Könnte Daphne es schaffen?

Sie probierte verschiedene Milchsorten aus. Kuhmilch, Babymilch, aber nichts half. Das Elefantenmädchen, das sie Aisha nannte, wurde immer schwächer.

Dann fiel Daphne eine Dose ins Auge. Sie enthielt Kokosnussöl. Würde das funktionieren?

Ja, das tat es!
Bald wurde Aisha stärker und folgte Daphne überall hin ...

in den Garten,

auf Naturwanderungen

und sogar zum Tee auf der Wiese!

Da wusste Daphne, dieses Elefantenbaby glaubte, sie sei seine Mama.

Doch als Daphne ein paar Tage verreisen musste, wurde Aisha unendlich traurig. Sie weigerte sich ihre Milch zu trinken.

Daphne eilte nach Hause, doch leider war es zu spät.

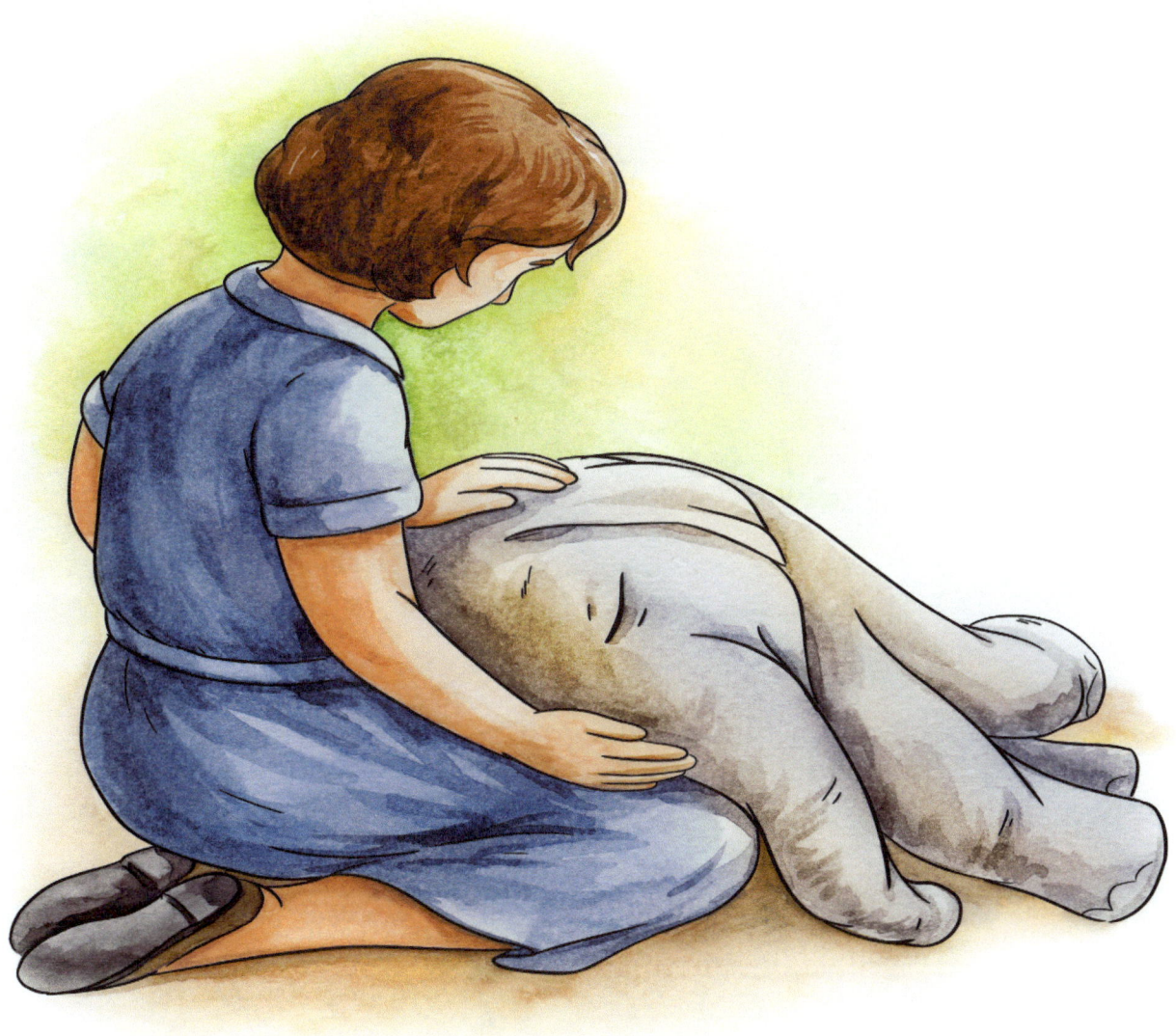

Daphne weinte bitterlich, als sie ihren Fehler erkannte. Aisha war zu sehr an sie gebunden. In der Wildnis hätten viele Elefantenmütter auf das Kleine aufgepasst.

Daphne nahm sich fest vor, den nächsten Waisen eine Familie zu geben.

Sie stellte Pfleger ein, die sich Tag und Nacht um die verwaisten Elefanten kümmerten.

Die Fütterungszeit war etwas ganz Besonderes.

Die Tierpfleger wendeten einen hilfreichen Trick an, um die Jüngsten mit der Flasche zu füttern. Sie versteckten sich hinter großen Decken, die sich wie der warme Körper ihrer Elefantenmutter anfühlten.

Natürlich gab es auch Spielzeit!

Die Elefanten rollten vergnügt im Schlamm,
schubsten sich gegenseitig herum,

pusteten Blasen in ihren Wassertrögen...

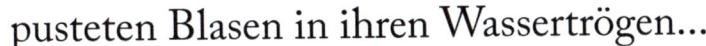

oder spielten Fußball mit ihren Pflegern!

Nach einem Tag voller Spaß waren nicht alle bereit fürs Bett. Einige Elefanten mussten mit einer Extraflasche Milch zurück in ihre Gehege gelockt werden.

Eingehüllt in weiche Decken schliefen sie dicht neben ihren Pflegern.
Die Pfleger wechselten sich ab, damit kein Elefant sich nur an eine Person
gewöhnte, so wie Aisha an Daphne.

Daphne hatte nun die Zutaten, um Elefantenbabys zu retten.
Es war ihr spezielles Milchrezept und jede Menge Liebe!

Die Nachricht von Daphnes Waisenproject breitete sich aus wie der Schatten eines großen Baumes in der Sonne.

Mit der Zeit wurden die Elefanten groß genug, um sich wieder den freilebenden Herden in der Wildnis anzuschließen.

Daphnes Herz war voller Freude. Sie erinnerte sich an die Worte ihres Vaters: „Wenn du ein wildes Tier wirklich liebst, musst du es frei lassen."

Sie sah zu, wie ihre ehemaligen Waisen von weit her kamen, um die Neuankömmlinge zu begrüßen.

Und so begann jedes Mal ein neues Abenteuer,

ein Leben wild und frei!

ELEFAKTEN

Rechte oder linke Stoßzähne?

Elefanten benutzen ihre Stoßzähne für viele Dinge, wie zum Beispiel zum Entrinden von Bäumen, zum Graben, Heben, zur Abwehr von Raubtieren oder für Kämpfe mit anderen Elefanten. Aber wusstest du, dass es bei Elefanten rechte und linke Stoßzähne gibt, so wie es bei Menschen Rechtshänder und Linkshänder gibt? Der bevorzugte Stoßzahn wird als Master-Tusk bezeichnet.

Super-Sonnenschutz!

Du hast jetzt herausgefunden, dass Elefanten gerne ein Schlammbad nehmen. Aber das Planschen im nassen Schlamm ist nicht nur zum Spaß. So wie Kinder sich mit Sonnencreme eincremen, wenn sie am Strand oder im Schwimmbad schwimmen gehen, müssen auch Elefanten das tun. Es mag nicht so aussehen, aber ihre dicke Haut ist sehr empfindlich. Um sich vor der heißen Sonne zu schützen, schmieren sich Elefanten mit Schlamm oder Sand ein. Dadurch haben sie sofortigen Sonnenschutz. Dies wehrt auch lästige Insekten ab!

Muskelkontrolle

Elefantenrüssel sind stark genug, um einen Baum zu entwurzeln, aber auch feinfühlig genug, um selbst die kleinste Beere zu pflücken. Elefanten werden jedoch nicht mit der Fähigkeit geboren, die tausenden Muskeln in ihrem Rüssel zu kontrollieren. Das müssen sie erst lernen. Elefantenbabys sind dafür bekannt, dass sie anfangs sogar über ihren eigenen Rüssel stolpern. Stell dir vor, du fällst über deine eigene Nase!

Mächtiges Gedächtnis

Dank ihres erstaunlichen Gedächtnisses können Elefanten alte Futterwege wiederfinden und Wasserquellen in vielen Kilometern Entfernung ausfindig machen. Elefanten können Wasserlöcher finden, die sie seit Jahren nicht mehr besucht haben, oder Elefanten wiedererkennen, denen sie vor langer Zeit begegnet sind. Ein Elefant vergisst also wirklich nie!

Was für große Ohren du hast!

Die Ohren eines Elefanten sind etwa ein Sechstel seiner Körpergröße und sind nicht nur hervorragende Hörrezeptoren, sondern halten den Elefanten auch kühl. Wenn kein Wind weht, können Elefanten ihre Körpertemperatur um 12 Grad Celsius senken, indem sie einfach mit den Ohren wie mit einem riesigen Ventilator flattern. Wenn der Wind weht, drehen sich die Elefanten in den Wind und spreizen ihre Ohren, um die Kühle einzufangen.

Hörst du mit deinen Füßen?

Über eine kurze Distanz nehmen Elefanten Geräusche wie wir über ihre Ohren auf. Über eine große Entfernung haben Wissenschaftler bestätigt, dass Elefanten mit ihren Füßen hören können. Die Schallwellen, die durch das Trompeten verursacht werden, werden zu Erschütterungen, die die Elefanten in der Ferne mit ihren Füßen wahrnehmen können. So kann man ein Ferngespräch führen!

Super Spreader

Während Elefanten täglich bis zu 195 Kilometer zurücklegen, hinterlassen sie Haufen von Kot. Die Exkremente enthalten nicht nur Nahrung für Tiere wie Mistkäfer, sondern auch Samen von Bäumen und anderen Pflanzen. Dadurch verbreiten Elefanten neues Wachstum und gelten als "Schlüsselart". Das bedeutet, sie sind wichtig für das Leben von Pflanzen und Tieren.

Auf den Zehen schlafen

Elefantenfüße sehen flach aus, aber das Skelett im Inneren zeigt eine Ferse, die höher ist als die Zehen. Die Zehen werden von großen Ballen gepolstert. Diese Ballen helfen, das enorme Gewicht zu tragen und erklären auch, warum sich Elefanten so leise bewegen. Nachts schlafen wilde Elefanten oft nur bis zu zu zwei Stunden, und meistens stehend auf den Zehen. Auf diese Weise können sie auf jede Gefahr schnell reagieren.

Stoßzähne für Schmuck? Auf keinen Fall!

Die Stoßzähne der Elefanten sind sowohl ein Segen als auch ein Fluch. Für die Elefanten sind sie ein notwendiges Werkzeug zum Überleben, aber ihre Stoßzähne bringen sie auch in Gefahr, gejagt zu werden. Elfenbein wird vor allem für die Herstellung von Schmuck und Statuen gewonnen, die auf den Märkten der ganzen Welt verkauft werden. Viele Länder haben den Verkauf von Elfenbein bereits verboten. Es müssen sich aber noch viel mehr Länder diesem Verbot anschließen, damit kein Elefant mehr leiden muss.

Anmerkung des Autors

Die Entstehung dieses Buches begann mit meinem Besuch im Elefantenwaisenhaus von Daphne Sheldrick in Nairobi, Kenia. Dort kam ich in Kontakt (im wahrsten Sinne des Wortes) mit einem jungen Elefanten namens Imenti, der dann meinen Arm regelrecht verschlang und mich herumführte. Daphnes Team sagte mir, dass dies ein vielversprechendes Zeichen sei, da Imenti sich gerade von einer langen Krankheit erholt. Obwohl ich Daphne zu diesem Zeitpunkt nur in der Ferne sah, konnte ich die Liebe spüren, die sie ihren kleinen Schützlingen entgegenbrachte.

Ein Höhepunkt für mich als Lehrer war, als meine Schulklasse beschloss, Imenti zu adoptieren. Wir bekamen regelmäßig Berichte über seine Pflege und seine Fortschritte. Es ist Daphne und ihrem Team zu verdanken, dass Imenti und andere Waisen wie er heute in der Wildnis Afrikas leben und gedeihen.

Bis heute hat Daphnes Organisation über 300 Elefanten von Hand aufgezogen. Die mobile Tierärzteeinheit hat Tausende weiterer Elefanten behandelt, die durch Schlingen, vergiftete Pfeile, Revierkämpfe oder Krankheiten verletzt wurden. Der wohl größte Beweis für den Erfolg von Daphnes Waisenprojekt ist die Tatsache, dass über 30 Babys von ehemaligen Waisenkindern in der Wildnis geboren wurden. Besonders liebenswert ist, dass diese ehemaligen Waisen im Laufe der Jahre immer wieder zu Daphne und ihren ehemaligen Pflegern zurückgekehrt sind.

Es gab viele Ereignisse aus Daphnes Leben, die ich nicht in dieses Buch aufnehmen konnte. Daphne war dafür bekannt, dass sie nicht nur Elefanten, sondern auch zahlreichen anderen Tieren das Leben rettete. Ihr Herz schlug für jedes Lebewesen und sie kannte nie das Wort "Nein", wenn Hilfe gebraucht wurde. Sie wurde in mehreren Artikeln und Spielfilmen von National Geographic und PBS sowie in dem IMAX-Film *Born To Be Wild* vorgestellt. Sie wurde sogar von Königin Elizabeth II. zum Ritter geschlagen und wurde als Dame Daphne Sheldrick bekannt.

Daphne ist am 12. April 2018 im Alter von 83 Jahren nach langer Krankheit verstorben. Mit dem Spitznamen "Die Elefantenmutter" blieb sie bis zum Schluss den Elefanten treu, die sie liebte. Ihr Vermächtnis wird von ihren Töchtern Jill und Angela und ihren Enkelkindern weitergeführt. Haben die Elefanten den Tod ihrer großen Mutter gespürt? Angela erzählt, dass sich am Morgen nach Daphnes Tod alle Elefantenwaisen in einer Reihe aufstellten, um an ihr vorbeizugehen. "So etwas hatten sie noch nie zuvor getan", sagte sie. Ihre Worte sind ein weiteres Beispiel dafür, wie sehr Elefanten in der Lage sind, mitzufühlen.

Wenn du mehr über Daphne erfahren möchtest, kannst du die Webseite www.sheldrickwildlifetrust.org besuchen oder Bücher und Artikel über sie lesen. Mein persönlicher Favorit ist der englische Titel, *The Unsung Heroes*, in dem Daphne die vielen Ranger, Tierpfleger und einheimischen Stammesangehörigen würdigt, die die Liebe der Familie zu den Elefanten geteilt haben.

BIBLIOGRAPHIE

Calkin, Jessamy. "The Woman Who Fosters Elephants in Kenya." The Telegraph, Telegraph Media Group, 24 February 2012.

Chadwick, Douglas. "35 who made a difference: Daphne Sheldrick." Smithsonian.com, 1 November 2005.

Chu, Simon, director. My Wild Affair: The Elephant Who Found a Mom, Season 1, episode 2, PBS, 14 January 2014.

Clifton, Merrit. "Daphne Sheldrick, 83, Showed Kenya That Wildlife Is Worth Most When Alive, " Animals 24-7, 15 April 2018.

Clifton, Merrit, et. al. "A Matriarch Rememberss by Daphne Sheldrick, D.B.E. (1934-2018)" Animals 24-7, 14 April 2014.

Cressey, Daniel. Q&A: "Elephant rescuer." Nature, volume 476, p. 281. 18 Aug. 2011.

Laffrey, Anna. "Mama elephant': How Daphne Sheldrick changed the fate of elephants worldwide." CNN. 15 August 2018.

Lickley, David, director. Born To Be Wild. IMAX 3D, 2011.

Neme, Laurel. "Elephant Foster Mom. A Conversation with Daphne Sheldrick," National Geographic, 6 December 2013.

Sheldrick, Daphne, and Mia Collis. The Unsung Heroes. Sheldrick Wildlife Trust, 2019.

Sheldrick, Daphne. An African Love Story Love, Life and Elephants. Penguin, 2013.

Über den Autor

R.G. de Rouen schreibt Geschichten, die Kinder zum Lachen und Nachdenken bringen und sie nach einer zweiten Portion verlangen lassen. Der weltreisende Lehrer und Autor hat unzählige internationale Menüs erkundet – Bücher bleiben jedoch sein Lieblingsgericht. Wenn er nicht gerade schreibt, träumt er wahrscheinlich bei einem leckeren Teller seine nächste Geschichte. Zusammen mit seiner Frau Elefanten am Wasserloch zu beobachten, ist R.G. de Rouens liebste Erinnerung an viele Safaris in Kenia!

Über die Illustratorin

Kateryna Rohotova (Kate) ist eine Illustratorin aus der Ukraine. Sie hat am Staatlichen Institut für Kultur und Kunst in Luhansk ihren Abschluss als Digitalkünstlerin gemacht. Sie hat acht Jahre lang als 2D-Künstlerin in der Spieleindustrie gearbeitet, aber seit 2018 ist sie freischaffende Künstlerin. Ihre Lieblingsbeschäftigung ist es, Aquarelle für Kinderbücher zu malen. Zu ihren Hobbys gehören Basteln, Fotografieren, Kochen und Aquarien, aber die größte Leidenschaft in ihrem Leben ist das Zeichnen.

Was können Kinder tun, um zu helfen?

- Kaufe nichts, was Elfenbein enthält.

- Erkundige dich, ob Elfenbein in deinem Land verboten ist. Wenn nicht, kannst du deiner Regierung schreiben, sich dem Verbot der Elfenbeinjagd und des Elfenbeinhandels anzuschließen.

- Adoptiere einen Elefanten und halte dich über seine Fortschritte auf dem Laufenden. Information findest du hier: https://www.sheldrickwildlifetrust.org

Wissenswertes über Elefanten findest du auch auf folgenden Webseiten: WWF-Junior, GEOlino, tierchenwelt.de, und junior.de, um nur einige zu nennen.

DANKE
zum Kauf dieses Buches!

Ich hoffe, dass Ihnen diese wirklich inspirierende Lebensgeschichte von Daphne Sheldrick gefallen hat. Ich wäre Ihnen sehr dankbar, wenn Sie eine Bewertung hinterlassen würden. Vielen Dank!

Als **BONUS** für Ihren Einkauf erhalten Sie mein **KOSTENLOSES** PDF mit einer zusätzlichen Szene und einer lustigen Aktivität „Eis in der Tüte"!

R.G. de Rouen

Holen Sie sich Ihre KOSTENLOSE zusätzliche Szene und Eiscreme-Aktivität!
www.rgderouen/icecream

www.ingramcontent.com/pod-product-compliance
Lightning Source LLC
Chambersburg PA
CBHW041446120626
46547CB00002B/363